AF382272

APRENDE A COMER DE MANERA EQUILIBRADA

Las claves para cuidarte por dentro y por fuera

Por Véronique Decarpentrie
En colaboración con Antonella Delli Gatti
Traducido por Laura Bernal Martín

Salud y bienestar

50MINUTOS.es

APRENDE A COMER DE MANERA EQUILIBRADA

COME SANO PARA TENER UN CUERPO SALUDABLE

- **¿Problemática?** La comida industrializada, sumada al estilo de vida moderno, nos ha alejado de nuestras necesidades nutricionales básicas, que son indispensables para nuestro bienestar físico y mental.
- **¿Metas?** Identificar las trampas de la malnutrición y recuperar los buenos reflejos alimentarios necesarios para sentirnos bien tanto física como psicológicamente.
- **¿Preguntas frecuentes?**
  - Muchas veces no tengo tiempo para cocinar. ¿Qué puedo hacer para llevar una alimentación sana?
  - ¿Es bueno privilegiar los productos bajos en calorías o «light»?
  - Cuando estoy estresado o triste, no como bien. ¿Cómo domino estos impulsos alimentarios?

- ¿Comer sano es mucho más caro que no hacerlo?
- Como de manera equilibrada pero no adelgazo. ¿Qué tengo que hacer?
- ¿Tengo que acabar con todos mis malos hábitos alimentarios?
- ¿Para llevar un régimen saludable hay que ser vegetariano?
- Tengo el síndrome del intestino irritable. ¿Tengo que evitar comer frutas y verduras?

Falta de energía, piel apagada, hinchazón abdominal, dolores crónicos, sobrepeso... Estas son algunas señales que indican que nuestro cuerpo no va bien. ¿Por qué comemos este o aquel alimento, a veces sin tener en cuenta nuestra salud? ¿Qué hay realmente en nuestro plato? ¿A qué fenómeno se debe el que hayamos perdido el sentido de nuestras necesidades fundamentales, que son las que mantienen el equilibro de nuestro cuerpo? ¿Qué medidas hay que tomar para recuperar un bienestar alimentario?

Los alimentos que comemos guían nuestros deseos, influyen en nuestros hábitos e incluso pueden tener influencia en nuestras emociones.

Aprende a reconocer lo que dirige nuestras elecciones nutricionales sin que seamos conscientes de ello y cómo evitar caer en las trampas de la malnutrición. En esta guía descubrirás los buenos reflejos que te llevarán a nuevos placeres gustativos saludables. Recupera tu vitalidad, flexibilidad y ligereza. ¡El bienestar del cuerpo y también de la mente forman parte del menú de esta guía!

LA SOCIEDAD DE CONSUMO

«Tengo tres hijos y me gustaría cocinar platos más equilibrados. Sin embargo, a la hora de la cena no puedo pensar más, estoy cansada y no soy capaz de ver más allá de la pasta con salsa de tomate» (Martine, 42 años).

«Sé que como muy mal, pero incluso a sabiendas no logro cambiar mis hábitos» (Julien, 22 años).

«Me gustaría sentirme bien con mi cuerpo, pero entre el régimen hiperproteico, el crudivegano, las monodietas, el sin esto o sin lo otro... me siento perdida y ya no sé a qué santo encomendarme» (Carole, 26 años).

EL PODER DE LA MALNUTRICIÓN

A pesar de que vivimos en una época en la que existe una abundancia alimentaria en nuestros países occidentales, la cuestión del «cómo comer» nunca ha suscitado tanto debate. La falta de tiempo, el antojo (a veces compulsivo), el estrés, las innumerables súplicas y los adi(c)tivos nos llevan a tomar decisiones que en ocasiones son difíciles de hacer o deshacer. Al mismo tiempo, nuestra salud se ve cada vez más afectada por enfermedades relacionadas directamente con el estilo de vida alimentario, como la obesidad, la diabetes o la hipertensión. Hipócrates, con su célebre frase «Que tu alimento sea tu medicina» (Vilanova 2015), se revolvería en su tumba si nos viera.

Se nos repite incesantemente que hay que comer al menos cinco raciones de frutas y verduras al día. Todos tienen consejos, opiniones o recomendaciones acerca de la actitud que hay que adoptar: la televisión, las revistas, internet, la publicidad... ¡y eso sin hablar de todas las nuevas dietas que aparecen y te prometen maravillas! Los empresarios también participan en el juego con sus «bajo en...», «fuente de...», etc., que nos atormentan con sus eslóganes publicitarios y se jactan de proponer productos con múltiples beneficios. Pero, ¿podemos fiarnos realmente de esto?

Probablemente te sientas perdido/a en esta maraña de mensajes contradictorios, y con razón.

Detengámonos un segundo para observar los mecanismos que nos han convertido en desconocidos ante nuestras necesidades alimentarias básicas. De hecho, es evidente que, a pesar del sentido común, la comida basura se ha hecho con el poder en nosotros. Entonces, ¿qué sucede exactamente en los bastidores de nuestro medio ambiente y de nuestro cuerpo?

¡OBSÉRVATE!

¿Qué te atrae y te lleva a elegir uno u otro producto? ¿El envase? ¿La etiqueta? ¿La publicidad que elogia sus méritos? ¿El eslogan asociado al producto? ¿La facilidad? ¿O simplemente su sabor, su olor y el que sea «saludable»? Dedica un momento a observar con atención tu compra y a intentar comprenderla. ¿Qué te dice y qué la ha dictado?

LOS BASTIDORES DE NUESTRO MEDIO AMBIENTE

En un mundo globalizado, todos los intercambios comerciales tienen lugar a escala planetaria.

Lejos queda la época en la que nuestro huerto y el pequeño productor de la esquina nos proporcionaban nuestros alimentos básicos (aunque una nueva tendencia, aún minoritaria, surge en este sentido). Es cierto que dependíamos de las estaciones y que nuestros menús podían resultar muy repetitivos: «¡Genial, ¡patatas otra vez!», podíamos exclamar irónicamente.

Los pasillos kilométricos llenos de productos de colores tal y como los conocemos hoy en día no existían antes de 1960. La globalización nos facilita mucho el día a día, ya que permite la abundancia alimentaria. Sin embargo, esta sobreabundancia de alimentos (además del despilfarro alimentario) provoca un gran número de daños, especialmente en nuestra salud y en nuestra flora intestinal.

¿QUIÉN MANDA EN NUESTRO CUERPO?

EL CEREBRO, UN ÓRGANO DEPENDIENTE

Nuestro organismo está programado de forma natural para privilegiar el azúcar y las grasas. Los lactantes, de hecho, se ven atraídos de forma innata por todo lo que tiene grasa y es azucarado, algo que la leche materna les ofrece en grandes cantidades. Estos dos nutrientes son indispensables para nuestro funcionamiento. La glucosa, que es un tipo de azúcar, es prácticamente el único carburante de nuestro cerebro, que consume una media de 120 gr de la misma al día (prácticamente la mitad de los azúcares que ingerimos). Además, ¿sabes que cada una de tus células cuenta con una pared hecha de grasa?

Entonces, ¿por qué maldecimos tanto estos dos elementos básicos hoy en día? ¿Quién no conoce esa «dependencia al azúcar» de la que es tan difícil deshacerse? Algunos estudios la comparan con la cocaína o la heroína para describir el poder que tiene en nosotros: es decir, hasta qué punto el azúcar puede convertirse en una verdadera adicción. Y esa grasa tan buscada, ¿cómo puede haberse convertido en la culpable de tantas enfermedades y en la responsable de esas redondeces tan odiadas?

En la fuente de esta atracción se encuentra el placer. Estos dos nutrientes, relacionados con nuestras necesidades fundamentales, actúan directamente sobre los circuitos de la recompensa situados en nuestro cerebro y liberan dopamina (el transmisor químico del placer): es la historia de esa onza de chocolate que nos hará sentir tan bien. Esto, sumado al estrés de nuestra vida moderna, crea un cóctel perfecto en el que es difícil no caer. Sin embargo, los sabores amargos, ácidos o picantes pueden resultar muy útiles, ya que permiten bloquear nuestras ganas de comer azúcar.

¿ESTÁS ENGANCHADO AL AZÚCAR? ¡DESCÚBRELO!

¿Crees que entre el azúcar y tú existe una

historia de antojo y no de poder? ¿Te crees más fuerte que el azúcar? Para convencerte, haz esta prueba: intentar no comer nada azucarado (refrescos, barrita de chocolate, galletas, dulces, etc.) durante un día.

Presta también atención a los alimentos que no parecen azucarados pero que contienen azúcares ocultos, como las verduras en conserva, el pan o los cereales del desayuno, muy ricos en azúcar.

Estate atento a lo que sientes y anota escrupulosamente tus reacciones. Al día siguiente, lee los resultados que mostramos a continuación para poder definir el poder que el azúcar tiene en ti.

- Ninguna dependencia: si has tenido ganas de azúcar pero has pasado a otra cosa, no estás enganchado.
- Dependencia baja: si te ha costado resistirte pero aun así lo has conseguido.
- Dependencia media: has caído y lo admites. Es hora de cambiar de hábitos.
- Dependencia elevada: no has podido resistirte y te has inventado excusas para justificar tus actos. El azúcar te controla,

y la lucha será dura. Comienza reemplazando tu consumo de azúcar por una fruta (fresa, manzana, mandarina) una de cada tres veces y aumenta progresivamente la frecuencia intentando, si es posible y a la larga, reemplazarla por productos sin azúcar.

LA FLORA INTESTINAL, INDISPENSABLE

En nuestros intestinos viven unos 100 mil millones de bacterias que pertenecen a más de 400 especies diferentes. Cada una de ellas posee su propio ADN (carné de identidad de cada ser vivo), sus necesidades nutricionales propias y su papel específico en nuestra salud. Los alimentos que ingerimos alimentan a una u otra especie, o incluso privilegian algunas en detrimento de otras. Conozcamos a estos seres vivos que habitan en nuestro cuerpo.

La principal misión de estos organismos es digerir lo que comemos. Descompondrán nuestros alimentos en nutrientes, como vitaminas y minerales (compuestos alimentarios directamente asimilables por el organismo e indispensables para su buen funcionamiento fisiológico).

A continuación, desempeñan un papel importante en nuestro sistema inmunitario. Son las «buenas» bacterias, las que van a hacer que resistamos mejor o peor a las enfermedades. De hecho, su mera presencia evita que las «malas» bacterias lleguen a nuestros intestinos. Además, son capaces de secretar sustancias bactericidas (una especie de antibiótico natural). Finalmente, neutralizan las toxinas e incluso atacan los virus.

Ahora entendemos que son verdaderas aliadas para un cuerpo saludable y que un desequilibrio en la flora intestinal es el responsable de un gran número de enfermedades, como la obesidad. Cada vez son más los científicos que intentan penetrar en los misterios de esta influencia de la microbiota (especie de carné de identidad de las bacterias de la flora intestinal) en nuestro peso.

Sin embargo, esta flora sigue siendo frágil y son muchos los factores que la amenazan: aparte del alarmante impacto de los medicamentos y, sobre todo, de los antibióticos (que actúan como verdaderas bombas nucleares sobre las bacterias), lo que comemos va a condicionar directamente este equilibrio en términos de salud.

Pero la importancia de nuestra flora intestinal, de por sí grande, no acaba aquí. También desempeña un papel fundamental y más desconocido sobre nuestro humor. Según investigaciones recientes, esta sería nuestro «segundo cerebro», o el primero según algunos. De hecho, al igual que nuestra cabeza, nuestro vientre contiene millones de neuronas (células nerviosas que garantizan la transmisión de información). Estas dos partes de nuestro cuerpo están en constante «conversación». Si una va mal, la otra también, y viceversa. En este sentido, ¿sabes qué es la serotonina, esa molécula responsable de nuestro bienestar y cuyo déficit provoca depresión, estrés y ansiedad? Que sepas que los intestinos son los responsables de la fabricación de un 95 % de la misma.

Vayamos aún más lejos. Hasta ahora, hemos visto que el sistema digestivo puede tener un impacto en nuestra salud, en nuestro humor y también, según algunos científicos, en nuestras elecciones y comportamientos. Para demostrarlo, un equipo de investigadores ha observado recientemente dos cepas de ratones con un comportamiento distinto: unos se mostraban tímidos y ansiosos, mientras que los otros eran verdaderos exploradores audaces. Su microbiota también presentaba diferencias. A continuación, han cambiado la microbiota de un grupo por la del otro. Los resultados del estudio son indiscutibles: los científicos han observado que los comportamientos se han invertido por completo, puesto que los tímidos se han convertido en exploradores, y viceversa.

Así, queda demostrado que estas bacterias, como cualquier ser vivo, han desarrollado un sistema de comunicación bioquímica e influyen de esta forma a nuestro cerebro.

Pero entonces, ¿quién decide realmente lo que comes? ¿Tú mismo? ¿Los especialistas en mercadotecnia y en agroalimentación? ¿Los huéspedes de tu intestino? Sea quien sea, tú tienes el poder de reapropiarte del contenido de tu plato y de tu salud. En esta ficha aprenderás algunos gestos simples capaces de reequilibrar nuestra flora intestinal y, al mismo tiempo, la manera de reconciliarnos con nuestras necesidades fundamentales.

CONOCER MEJOR LOS ALIMENTOS DEL SUPERMERCADO

¿DE DÓNDE VIENEN?

El itinerario de una gamba pescada en el mar del Norte es impresionante: en total, recorrerá unos 7000 km entre el lugar en el que fue pescada y el plato del consumidor alemán. Durante su viaje, pasará por Marruecos para ser descascarillada, se preparará para el consumo en los Países Bajos y, finalmente, será enviada a Alemania.

Además de la huella ecológica generada por este fenómeno, uno puede preguntarse cuál es la influencia sobre la calidad nutricional que tiene un alimento que se ha paseado por medio mundo. El tomate rojo recogido fresco de nuestro huerto no tiene nada que ver con el que viene de Italia y se vende en los supermercados, más insípido. Y teniendo en cuenta que el contenido de vitaminas a menudo es proporcional a su sabor, no está de más hacerse preguntas. Por tanto, ¿por qué no preferir el sabor de una buena barrita de chocolate antes que comerse una banana desabrida?

Reemplaza una de cada dos veces la galleta o la barrita de chocolate por un puñado de frutos secos, o come anacardos en vez de patatas fritas. Te darás cuenta de que cuanto menos productos de este tipo consumes, menos poder tienen sobre ti.

¿QUIÉNES SON?

Además, los alimentos que encontramos en los pasillos de nuestros supermercados han sufrido, en su mayoría, un incalculable número de transformaciones y llevan sustancias añadidas. Todavía no medimos exactamente el impacto de estas combinaciones para nuestra salud, pero suscitan día tras día nuevos debates. Algunos de estos aditivos están considerados peligrosos para nuestra salud: los profesionales sanitarios recomiendan prudencia, o incluso abstención.

Dejando a un lado el aspecto sanitario, estos aditivos son capaces de influir en nuestro comportamiento jugando con la atracción que despierta en nosotros un producto, a través de nuestra sensación de saciedad o nuestras ganas de comer siempre más. Los empresarios de la industria agroalimentaria se han dado cuenta de lo interesante que resultan estas sustancias adictivas e invierten millones para crear nuevas. Un ejemplo es el glutamato, que aparece en las pastillas de caldo, en las salsas y en los platos preparados. Se trata de un potenciador del sabor cuyo objetivo es excitar tus papilas gustativas y pedir alimentos que lo contengan. Estos productos ejercen un verdadero poder sobre nosotros y nos incitan constantemente a consumir «comida basura».

¿DE QUÉ ESTÁN COMPUESTOS?

Demasiado azúcar, demasiada sal y demasiada grasa. Es la constatación inevitable de los productos industrializados. Veremos que no son estos alimentos los que se cuestionan, sino su cantidad y, sobre todo, su calidad. Los profesionales de la comida basura conocen la combinación perfecta entre azúcares, sal, grasa y proteínas para estimular tu cerebro y hacer que quieras más, es decir, para que nunca tengamos suficiente.

LOS TRES GRANDES PILARES DE UNA ALIMENTACIÓN SALUDABLE

COMER VARIADO

Todos sabemos que hay que comer variado y equilibrado. Sin embargo, a pesar de las campañas de salud, los eslóganes de la televisión o los consejos de los profesionales de la salud, es evidente que en la práctica las enfermedades vinculadas a una mala alimentación no disminuyen.

Lo que hay que preguntarse es si realmente existe variedad en nuestros menús. Para medirla, hay que saber que el plato ideal está formado por una mitad de verduras y otra mitad de proteínas y, sobre todo, de féculas. Veamos a continuación qué necesita realmente nuestro cuerpo y hasta qué punto es esencial que haya variedad en estas categorías.

Los alimentos que ingerimos se transforman en los intestinos en tres grandes categorías de nutrientes: glúcidos (o azúcares), proteínas y lípidos (o grasas).

Los glúcidos

Se trata de un verdadero carburante, y es la fuente de energía principal de nuestros músculos y de nuestro cerebro. Son indispensables, pero pueden ser responsables de muchos males (como obesidad, diabetes, hipertensión, etc.) si no se consumen correctamente.

Para convencerte, exploremos qué es lo que pasa cuando bebemos un vaso de refresco. En una situación normal, cuando ingerimos un alimento azucarado, el azúcar pasa al sistema digestivo, donde se fracciona en nutrientes (los glúcidos) utilizables por nuestro organismo. A continuación, pasa a la sangre, lo que eleva la glucemia. Ante esta señal, el cuerpo reacciona liberando una hormona (una especie de transmisor químico), la insulina, que abre las células para que entre el «azúcar» y reducir su índice en sangre. O bien las células de los músculos emplearán este carburante para moverse, o bien se almacenará en forma de grasa.

Sin embargo, con un refresco, nuestro organismo debe enfrentarse de repente a una gran cantidad de azúcar disponible inmediatamente (son los llamados «azúcares rápidos»), que hace necesario que se libere una gran cantidad de insulina. Todo pasa como en una montaña rusa: un pico glucémico provocado por tu refresco deja paso a una caída brutal, ya que una cantidad enorme de insulina deberá regular este pico lo antes posible. Tu cuerpo lo almacenará enseguida en forma de grasa, ya que hay demasiada energía disponible. Ante esta caída brutal surgen las ganas de consumir de nuevo algo dulce para paliar este repentino cansancio. ¡He aquí el origen del picoteo!

Este yoyó con mecanismos químicos tan complejos acaba por desajustar tu cuerpo y provoca el surgimiento de enfermedades como la diabetes (enfermedad crónica caracterizada por un déficit en insulina o por una mala utilización de la misma por parte de nuestro organismo).

Por el contrario, cuando comemos azúcares que requieren más tiempo para ser digeridos (los llamados «azúcares complejos»), evitamos la ansiedad (no existe un pico de insulina demasiado importante) y estos azúcares se quedan más tiempo en sangre. Entonces, los músculos pueden gastarlos a su ritmo.

Estos nutrientes, digeridos despacio, son ideales para los deportistas con resistencia, que no sufrirán ni el pico de glucemia ni la hipoglucemia que aparece como consecuencia. Encontrarán la fuente de estos azúcares en los cereales integrales (arroz integral, harina integral, avena, maíz, etc.), en las leguminosas (lentejas, garbanzos, judías secas) y en la mayor parte de las frutas y verduras. Sin embargo, no hay que olvidar que cocinarlos también tiene un impacto en la glucemia. Por ejemplo, una zanahoria cruda tiene un índice glucémico de 20, pero este asciende a 50 si está cocinada. ¡Así que recuerda incluir siempre algo crudo en tu plato!

En un régimen alimentario equilibrado, los glúcidos deben representar la mitad de lo que comes. Cuanto más fresco y no transformado sea el producto, mayor será la riqueza en vitaminas y minerales y menor su impacto en la glucemia. Entre las mejores fuentes de glúcidos se encuentran las verduras, los cereales y las frutas.

- Si sientes la necesidad de tomar un dulce, cómelo después de una comida. Si se mezcla con otros alimentos se digerirá más despacio.
- Evita los alimentos refinados.
- Disminuye el consumo de alimentos compuestos por trigo y verás cómo tienes menos ganas de comer cosas dulces.
- Privilegia la pasta y el arroz «al dente» en vez de muy cocidos.
- Privilegia una pieza de fruta por encima de un zumo (incluso fresco), ya que la cantidad de azúcares «rápidos» aumenta mientras las moléculas de vitaminas se degradan. Opta más bien por zumos de verduras, menos ricos en glúcidos.
- Privilegia el sirope de agave, la estevia o el azúcar de coco (que cuentan con un índice glucémico mucho menos elevado).
- Piensa en utilizar canela, que regula la glucemia de maravilla.

Lo importante en estas categorías es la variedad. Pensarás que es una obviedad y, sin embargo, en lo que concierne a los cereales, no tenemos creatividad ninguna: el trigo está omnipresente. En el desayuno el cruasán, a mediodía el bocadillo y, por la noche, la pasta. Cada vez son más las personas que confiesan sentirse mejor desde que consumen menos trigo (o ninguno).

De hecho, sin entrar en la polémica sobre nuestro consumo excesivo de gluten (la proteína del trigo), sabemos hasta qué punto todo es cuestión de equilibrio y proporción. Variar las fuentes de cereales con la quinoa, el trigo sarraceno, la harina de castaña, el maíz, la tapioca, etc. ayuda a obtener un mejor equilibrio tanto de la salud como del humor. Los encontrarás en bruto o en harina, fácilmente utilizables en crepes, pan, tartas, salsas, etc.

RECETA DE PAN SIN GLUTEN

- 125 gr de fécula (de maíz, de tapioca o de patata)
- 125 gr de harina (de garbanzos, de castañas o de sarraceno)
- 2 huevos enteros
- 2 cucharadas soperas de aceite de oliva virgen extra

- 1 cucharadita de vinagre de sidra
- Una pizca de sal
- Una pizca de azúcar de coco
- 10 gr de levadura
- 1 cucharadita de goma xantana (para mejorar la textura, disponible en tiendas ecológicas)
- 220 ml de agua

Mezcla todos los ingredientes en un bol grande y después coloca la preparación en un molde para tartas. Déjala reposar 30 minutos antes de meterla en el horno a 180° Celsius durante 30 minutos.

Las proteínas

Las proteínas son los verdaderos «ladrillos» de nuestro cuerpo y sirven para construir todos nuestros tejidos. También desempeñan un papel importante en el transporte de moléculas como el oxígeno, las vitaminas y el colesterol. Las proteínas, por tanto, son indispensables para nuestro crecimiento y supervivencia.

Entonces, ¿qué pasa cuando comemos demasiadas? Además de los riesgos cardiovasculares provocados por la cantidad de grasa que contiene la carne, los riñones deben trabajar el doble para filtrar las sustancias (como el nitrógeno) producidas por la digestión de las proteínas.

Además, la carne convencional puede contener una cantidad inaceptable de sustancias tóxicas. Privilegia el comerciante ecológico respetuoso con tu cuerpo y con el planeta.

EN EL DÍA A DÍA

- Tu filete debe tener el tamaño de un naipe (entre 100 y 130 gr).
- Prepara algunos tipos de verduras o leguminosas para acompañar tu pedazo de carne y que el plato sea más alegre.
- No te olvides de las carnes salvajes (jabalí, ciervo, etc.) que se han alimentado de manera natural.
- Una semana de proteína equilibrada está formada por un menú de carne (preferentemente blanca, ya que es menos cancerígena) como máximo dos veces, una vez pescado (privilegiar el lenguado, la platija, la raya o la sardina, cuyo pequeño tamaño hace que sean menos susceptibles a la

contaminación), dos veces leguminosas y, por qué no, un día de tortilla francesa o filete vegetariano.

Los lípidos

El papel de las grasas tiene una importancia capital en nuestro organismo.

- Son una fuente de energía.
- Sirven para transportar las vitaminas (A, D, E, K).
- Contribuyen a la síntesis de numerosas hormonas.
- Son los principales componentes de las membranas de cada una de las células de nuestro sistema nervioso.
- Desempeñan un papel en nuestro sistema inmunitario.

Por tanto, evidentemente, no hay que eliminarlas de nuestra alimentación, sino que debemos consumirlas mejor. Existen cuatro grandes familias de «grasas», tres de las cuales cuentan con su propia función biológica indispensable:

- las saturadas, que encontramos en la carne,

el queso, el yogur, la mantequilla y ciertos aceites, como el de coco y el de palma. Son las que están peor vistas, ya que se asocian al «colesterol malo» y a riesgos cardiovasculares, una afirmación que cada vez desmienten más los investigadores y los médicos: en efecto, no habría relación entre la cantidad ingerida de estas grasas y la tasa de colesterol en sangre. Por el contrario, el azúcar tendría una influencia directa en tu colesterol. No obstante, como todo es cuestión de equilibrio, si se toman demasiadas de estas grasas se puede efectivamente llegar a una situación de obesidad y aumentar el riesgo a desarrollar enfermedades inflamatorias como la ateroesclerosis, la artrosis, etc. (Siri-Tarino *et al.* 2010);

- las monoinsaturadas (llamadas omega 9) son las más comunes en la naturaleza. Se encuentran en el aceite de oliva, el aceite de sésamo, las nueces, los cacahuetes, etc., y tienen muchos efectos beneficiosos para nuestra salud: disminuyen la resistencia a la insulina, mejoran el sistema inmunitario, etc.;

- las grasas polinsaturadas, que se dice que son «esenciales» ya que nuestro cuerpo las necesita imperativamente. De hecho, es incapaz de fabricarlas por sí mismo y solo podemos conseguirlas mediante nuestra alimentación. Son indispensables para el buen funcionamiento de nuestro cerebro, de nuestro sistema inmunitario, para luchar contra las alergias, y para la elasticidad de los vasos sanguíneos y de nuestra piel. Distinguimos dos familias: el omega 6 (aceite de girasol, de soja, de maíz, semillas de uva, colza, etc.) y el omega 3 (pescado, mariscos, aceite de linaza, aceite de nuez, etc.). Nuevamente, la noción de equilibrio es esencial. Si comes demasiado omega 6 (demasiado presente en la alimentación industrial), los efectos beneficiosos se convierten en lo contrario: le quitarán el sitio a los omega 3 y les impedirán que nos aporten todos sus beneficios. Este desequilibrio podría generar procesos inflamatorios. Por ello, lo ideal sería tomar dos porciones de omega 3 por cada cinco de omega 6.

¡OBSÉRVATE!

¿Tienes piel de naranja en las piernas? Si la respuesta es positiva, es que te falta omega 3. Completa tu alimentación con un buen

- las llamadas grasas «trans» o parcialmente hidrogenadas, fruto de procesos industriales, son las únicas que debes eliminar lo antes posible de tu alimentación. No son en absoluto necesarias para el organismo y, sobre todo, son muy perjudiciales para tu salud. Bollería, pastelería, productos de panificación industriales, galletas, barritas de chocolate, etc., forman parte de nuestro día a día. Aumentarían la posibilidad de aparición de cáncer, los problemas cardiovasculares y la diabetes. También podrían ser tóxicos para el feto o para el cerebro y favorecerían otras muchas enfermedades. Un estudio reciente demuestra que, si se toman en grandes cantidades, también provocarían trastornos depresivos (Sánchez-Villegas 2011).

EN EL DÍA A DÍA

De media, deberíamos comer entre 60 y 70 gr de grasas al día (a razón de 1 gr por kilo). Sin embargo, lo importante sigue siendo variar las fuentes de lípidos y, sobre todo, no olvidar los omega 3, menos presentes en nuestros alimentos. Para ello, no hay nada como llenar nuestra cocina y nuestra nevera de distintos aceites vegetales.

Para cocinar, privilegia el aceite de girasol, el de cacahuete, el de semillas de uva o la grasa de coco (porque resisten mejor las temperaturas elevadas), y para aderezar platos crudos y ensaladas emplea el aceite de nuez, de oliva (virgen extra), de colza, de linaza o de aguacate. No escatimes con las cantidades ni con la calidad de estos aceites crudos, ya que son excelentes para la salud, rejuvenecen tu piel y, según algunos nutricionistas, ¡no engordan!

COMER DE MANERA ECOLÓGICA

Un estudio reciente ha puesto en evidencia la inaudita cantidad de productos químicos presentes en los alimentos fruto de la agricultura tradicional. Por ejemplo, el 100 % de las 15 cajas de cereales tipo muesli (mezcla de cereales y frutos secos) no ecológicas estudiadas contienen residuos químicos. Si tuviéramos que aplicar las normas de seguridad que regulan el agua, por ejemplo, estarían prohibidos desde hace mucho tiempo, ya que las cifras superan de lejos los umbrales tolerados (Carrey 2016).

El efecto de estos venenos, pero también de su combinación, es alarmante. Según la fundación belga contra el cáncer, uno de cada tres hombres y una de cada cuatro mujeres sufrirán cáncer antes de cumplir los 75 años. Estas cifras no hacen más que aumentar, así que... ¿podemos hablar de epidemia? (Foundation contre le Cancer s. f.).

Dejando a un lado esta catástrofe surge la cuestión de la influencia de estos químicos en otras enfermedades y en nuestros comportamientos y humor. Si nuestros intestinos funcionan de alguna manera como un segundo cerebro, ¿cuáles deben ser los terribles efectos de una ensalada llena de pesticidas y de perturbadores hormonales sobre nuestra flora intestinal y nuestro organismo?

Las ventajas de la agricultura ecológica

La agricultura ecológica se presenta como la solución a este problema, ya que garantiza productos sin estas toxinas, pero no solo eso. La normativa sobre los productos ecológicos presta especial atención a evitar un gran número de alimentos considerados nefastos para la salud. Por ejemplo, no encontramos esas grasas hidrogenadas (proceso industrial que permite solidificar los aceites) que, tomadas en grandes cantidades, provocan obesidad y riesgo de enfermedades cardiovasculares.

Sin embargo, comer productos ecológicos no solo es interesante por esto. Como ya hemos indicado, la potencia del sabor a menudo revela un contenido en vitaminas y minerales más elevado:

> «Me acuerdo de la manzana que me daba mi madre, preocupada por nuestra salud, a la hora de la merienda. Para complacerla, tenía que forzarme para comer ese cuarto de manzana insípida y ácida. "¡Es bueno para tu salud!", me repetía. Necesité años para reconciliarme con las frutas y las verduras. He descubierto en mi tienda ecológica el placer de comer manzanas jugosas y dulces, la explosión de sabor cuando muerdo un pepino, o el perfume de verano del tomate. Vamos, que una galleta de chocolate muchas veces me parece insípida...» (Marie, 29 años).

Así, no es casualidad que los alimentos de la agricultura ecológica sean más ricos en sabor que sus homólogos procedentes de la industria agroalimentaria tradicional. Lo ecológico se ha convertido en una elección que podríamos considerar vital hoy en día.

Sin embargo, este sector tampoco se libra de la búsqueda de beneficios: con su explosión, empresarios poco escrupulosos se han hecho con el mercado, por lo que no todos los sellos de calidad están al mismo nivel. Algunos respetan el mínimo necesario para obtener su certificación (ausencia de productos químicos de síntesis), mientras que otros mantienen otro rumbo, orientado sobre todo a valores éticos y ecológicos (remuneración justa del trabajo, rechazo a productos fruto de la deforestación, etc.). Infórmate sobre los distintos sellos de calidad y las exigencias de su pliego de condiciones: encontrarás en todos los productos el logo y el etiquetado del modo de fabricación que hace referencia al tipo de sello de calidad.

Consumir productos ecológicos sin arruinarse es posible

Aunque pienses que lo ecológico es caro, puede que no lo sea tanto. Se trata de un proceso que se puede resumir en los siguientes cuatro reflejos que hay que adoptar.

- **Los circuitos cortos**. Actualmente, existen muchas iniciativas en el ámbito que privilegian los circuitos cortos, disminuyendo significativamente el impacto ecológico de tu consumo. Aparte de las consideraciones éticas, te permiten evitar un gran número de intermediarios costosos que no hacen más que aumentar el precio y que perjudican al productor. Al final, pagas por tu yogur y no por la mercadotecnia, los distribuidores, etc.
- **A granel**. Desde hace poco, vemos cómo nacen en Europa cada vez más tiendas ecológicas que proponen una amplia gama de productos sin embalaje. Además de ser bueno para nuestro planeta, esta nueva manera de consumir es una verdadera ventaja para tu bolsillo. Pruébalo tú mismo comprobando los precios de las especias, harinas, frutos secos, etc. al kilo y compáralos con esos mismos productos

vendidos sin embalaje. Además, puedes calcular mejor las cantidades que necesitas y evitar llenar hasta arriba tus armarios, y podrás despedirte del despilfarro alimentario.

- **Lo «casero»**. Un plato o un bocadillo ya preparado, galletas, etc., todo esto tiene un precio extremadamente elevado. Por ejemplo, las zanahorias ralladas preparadas son entre cuatro y cinco veces más caras que compradas a granel. Comer ecológico es, sobre todo, limitar los productos preparados. Además, esto hará las delicias de los más ahorradores.
- **La invención de nuevos menús**. Una de las primeras costumbres que hay que reinventar es el lugar que ocupan las proteínas en el plato. ¿Hay algo más fácil que cocinar un trozo de carne? Sin embargo, además de su elevado precio, comer demasiada carne (y, por ende, demasiadas grasas saturadas) perjudica la salud, según los expertos (aumento del riesgo de enfermedad cardiovascular, de obesidad, etc.). Así cada vez nacen más alternativas vegetales. Sin tener que ponernos a comer insectos de un día para otro, las leguminosas (como las judías, los guisantes, los garbanzos, las lentejas, etc.) son una fuente de proteínas

sanas y económicas. ¿No te suena apetecible? ¡Entonces prueba esta receta!

DELICIA DE LENTEJAS CORAL, SALSA DE YOGURT, CURRY, MIEL Y LIMÓN

INGREDIENTES

- 200 gr de lentejas coral (compradas a granel)
- 1 cebolla roja
- 1 cucharadita de curry
- 1 cucharada sopera de cilantro fresco
- ½ limón
- 100 gr de yogur natural
- 2 cucharadas soperas de aceite de oliva
- 1 cucharadita de miel
- 1 cucharadita de semillas de sésamo
- Una pizca de sal y pimienta

Comienza por lavar y escurrir las lentejas. Cuécelas en una cacerola con agua hirviendo durante 15 minutos. Pocha la cebolla picada en una sartén con un poco de aceite. En un bol grande, mezcla el yogur, la miel, el curry, el zumo de limón, el aceite de oliva, la sal y la pimienta. En un plato grande, coloca las lentejas en el centro y echa la salsa alrededor. Finalmente, condimenta con el cilantro fresco y las semillas de sésamo. ¡Que aproveche!

Puede que todo esto te suene muy bien pero que no sepas por dónde empezar. No te preocupes, pasarse a la alimentación ecológica no se hace de la noche a la mañana. Comienza con algunos productos que utilices mucho y déjate guiar progresivamente por tus deseos. No dudes en alimentar tu curiosidad y acude a tiendas que ofrezcan productos que no existen en las grandes superficies convencionales. Te sorprenderás al ver la originalidad de la oferta y se abrirán ante ti nuevos horizontes gustativos.

En la práctica

Los alimentos que deben consumirse preferentemente ecológicos:

- Las frutas y verduras que comemos con piel, ya que la mayor parte de los pesticidas se encuentran en la misma.
  - **Las lechugas**. Según un reciente in-

forme publicado por la ONG francesa Generaciones Futuras, el 80 % de nuestras lechugas presentan residuos de pesticidas, estando el 16 % de ellos prohibidos en Francia debido a su potencial altamente tóxico.

- ◦ **Las fresas.** Aunque nos gusta morderlas, es muy común que reciban un tratamiento a base de captán, un fungicida que, en cantidades ínfimas, puede matar a un pez.
- ◦ **Las manzanas**. Su cultivo tradicional implica numerosos tratamientos químicos. Aunque estas sustancias se encuentran en la piel, la finura de la misma hace que estas toxinas penetren en la carne.

- La carne. Las enormes cantidades de agua (alrededor de 15 000 litros) y de comida (unos 7 kilos de media) necesarias para obtener un kilo de carne, así como las condiciones deplorables y malsanas de la ganadería a gran escala provocan numerosas consecuencias con efectos desastrosos tanto para la tierra como para nosotros mismos. Entre ellos se encuentran las enfermedades. Para paliarlas se administran enormes cantidades de antibióticos a los animales que luego acaban en nuestro plato. Esto, junto con los pesticidas y las hormonas, forma un cóctel químico perjudicial que ingerimos cada vez que comemos carne.

* Los huevos y la leche, por los mismos motivos mencionados anteriormente.

¡Ahora es tu turno! Elige una verdura o una fruta de temporada que no precise cocción y que te guste especialmente. Cómprala en versión no ecológica en una gran superficie y hazte con otra pieza en la tienda ecológica que tú quieras. Pártela en cuartos y colócala en dos boles, bajo los que habrás puesto una etiqueta en la que se especifique el tipo de cultivo. Pídele a una persona cercana que mueva los boles para que no sepas qué hay en cada uno. ¡Prueba la diferencia y haz el test con tus amigos!

COMER PLATOS COLORIDOS

Como la naturaleza nos ofrece una paleta de

colores tan variada como nutritiva, tenemos que convertirnos en «pintores-cocineros» al servicio de nuestras papilas gustativas y de nuestro cuerpo.

Detrás de la magia de cada color se esconde un beneficio concreto.

- **El rojo**. Los alimentos como los tomates, las sandías, las cerezas, las fresas, las grosellas, las frambuesas, las granadas, etc., le deben su color al licopeno, el antioxidante más potente. Estos últimos persiguen y destruyen los radicales libres que se fijan en las membranas de nuestras células y que son responsables de cánceres y del envejecimiento acelerado de nuestro cuerpo.
- **El amarillo/naranja**. Las calabazas, los pimientos amarillos, las zanahorias, los boniatos y los albaricoques son grandes aliados para no caer enfermos. Además, estos pigmentos son ricos en provitaminas A, responsables de tener una visión de lince, de una piel bella y radiante y de una tez morena.
- **El verde**. La clorofila es esa sustancia verde que permite a las plantas transformar la luz del sol en energía. Es como si comieras un poco de sol,

ya que te sentirás en plena forma gracias a su incomparable función depurativa. En efecto, las verduras más verdes (acelgas, espinacas, cebolleta, perejil, etc.) tienen un incomparable poder de eliminación de toxinas (como los deshechos provocados por el estrés, el tabaco, el alcohol, la comida basura, etc.), responsables en gran parte de nuestro cansancio.

- **El violeta**. Este color vela por tu inteligencia, tu memoria y tu vista. Sus antioxidantes y sus antocianósidos protegen la elasticidad y la resistencia de tus vasos sanguíneos más finos y garantizan de esta manera un buen riego al cerebro y a los ojos. El alimento por excelencia es el arándano, pero también lo encontrarás en la remolacha, las uvas negras, la lombarda, las patatas violeta, etc.

- **El blanco**. Esta familia está integrada por las cebollas, el ajo, los nabos, los puerros, las coliflores, los espárragos, etc. Se trata de alimentos ricos en vitaminas, en azufre y en alicina, y garantizan el reequilibrio de ciertas funciones (respiratorias, articulares, antiinflamatorias, etc.) y tienen un efecto protector contra numerosos tipos de cáncer.

DEJAR ATRÁS LOS MALOS HÁBITOS Y RECUPERAR EL PLACER POR LO SANO

HACIA NUEVOS HÁBITOS...

> «He decidido cambiar mi alimentación y al principio mis colegas me tomaban por alguien extravagante. Después, los colores y sabores de mis ensaladas suscitaron tanta curiosidad y eran tan apetecibles que... ¡han acabado por adoptar mi mismo régimen!» (Corinne, 34 años).

Comer es un acto social y una manera de comunicar a los demás quiénes somos. Es una práctica que nos permite definirnos tanto a nivel cultural como familiar, además de en la relación con nosotros mismos. También es la forma de descubrir y de explorar el mundo experimentando nuevos horizontes culinarios.

Partir en busca de nuevos alimentos y de nuevas

formas de cocinar es un desafío que no se logra de un día para otro. Tus cestas de la compra no se transformarán por arte de magia en la cosecha del huerto ni tu despensa en un almacén de granos. Con tiempo y curiosidad, visita poco a poco mercados, tiendas ecológicas y llena algunos botes con tus descubrimientos (privilegia porciones pequeñas vendidas a granel). Haz tuyas recetas sanas que alegren tu paladar. También puedes tener pequeños gestos simples pero eficaces, como un puñado de semillas de calabaza en tu sopa, algas para condimentar tu ensalada, un buen chorrito de aceite de nuez en tu pasta, etc.

No olvides que las especias son verdaderas invitaciones al viaje. Son las que darán ese toque insólito y sabroso a tus creaciones. También son incomparables aliadas para la salud.

LOS PODERES DE LAS ESPECIAS

¿Sabías que la cúrcuma, con su bonito color naranja, es un poderoso antiinflamatorio y tiene propiedades antienvejecimiento? ¿Qué el comino posee increíbles virtudes digestivas? ¿Que el tomillo y el romero luchan eficazmente contra los virus y los

Recuperar un modo de vida sano y reequilibrar nuestra alimentación es sencillo. Para demostrarlo, te proponemos un ejemplo de menú «bienestar» (solo para adultos, ya que los niños tienen otras necesidades) que se puede adoptar en el día a día.

• **En el desayuno**: una mezcla de diversos cereales, frutos secos y semillas con leche de coco o una tortilla con una rebanada de tu delicioso pan sin gluten. Todo esto puedes acompañarlo de una bebida (té o café). Lo que tienes que evitar:
  ◦ el vaso de zumo de naranja, demasiado ácido y demasiado azucarado para tu estómago;
  ◦ la rebanada de pan con mermelada que se digiere con demasiada rapidez, lo que desencadenará un hambre canina a mitad de mañana;
  ◦ el café con leche indigesto.
• **A mediodía**: una ensalada variada (lechuga,

manzana, anacardos, quinua, tomates secos, uvas pasas, aceite de nuez, etc.). Lo que tienes que evitar: un bocadillo lleno de grasas saturadas que anuncia la fatiga posterior a la comida.

- **En la merienda**: una fruta a tu elección. Lo que tienes que evitar: la barrita de chocolate o una galleta, que contienen demasiados azúcares rápidos.
- **En la cena**: un filete de pescado o carne acompañado de una buena salsa casera (hecha con tus aceites crudos, vinagre de sidra, salsa de soja, mostaza, etc.), féculas y dos o tres verduras diferentes a voluntad. Lo que tienes que evitar: comer demasiado tarde (hay que tener en cuenta un margen de dos o tres horas antes de irse a dormir) ya que tu digestión tenderá a impedir que duermas bien.

Lo importante es encontrar el ritmo que más te conviene, lo que evitará picoteos poco recomendables.

Constatarás que, al contrario de lo que ocurre con los regímenes de salud que se encuentran prácticamente por todos lados, los productos lácteos no se mencionan. No hay que prohibirlos porque tienen buen sabor, pero es importante limitar su consumo. Son muy difíciles de digerir ya que, en principio, están concebidos para hacer engordar: un ternero que se alimenta solo de leche tiene que ganar unos 200 kilos de peso en un año.

«¿Y qué pasa con el calcio, necesario para tener huesos fuertes?», te preguntarás. La osteoporosis (pérdida de la resistencia de los huesos que lleva a fracturas) es una enfermedad típicamente occidental: los países en los que no se consumen prácticamente productos lácteos apenas tienen este problema. La comunidad científica todavía no es capaz de explicarse esta paradoja y no se pone de acuerdo en lo relativo a los beneficios de los productos lácteos. *A priori* no son perjudiciales en sí mismos, pero han sufrido numerosas transformaciones antes de llegar a nuestros platos, al contrario de lo que ocurría en la época de nuestros padres: son estos procedimientos los que provocarían que fueran difíciles de digerir.

Sea como fuere, ¡atención! Para que estos nuevos hábitos formen parte de tu vida debes guiarte, sobre todo, por la búsqueda del placer.

EL PLACER ES LO PRIMERO

Alimentarse es, ante todo, un acto agradable, ya que nos ofrece una sensación de bienestar y un placer para los sentidos, la vista, el olfato y el gusto. También es un momento para compartir y para relajarnos que acompaña nuestros días. El placer de cocinar se ve acompañado del de degustar y, finalmente, del que sentimos después de haber comido. Piensa en darle la misma importancia a cada una de estas etapas, sin que los nuevos hábitos caigan en el olvido enseguida.

«Me siento mejor desde que he aprendido a repensar mi manera de comer y de cocinar. Esto no solo me obliga a reflexionar sobre nuevas recetas y me incita a comer un poco de todo, sino que, sobre todo, me ofrece mucho placer. Se ha convertido en una actividad muy relajante, que refresca mi mente y me ofrece la ocasión de expresar mi creatividad» (Marine, 32 años).

Con todo, quien dice placer dice también pequeños desvíos. Comer sano no debe ser un ideal intransigente en el que el acto de comer se convertiría en una presión real sobre uno mismo y sobre su entorno. Culpabilizarse cada vez que nos desviamos de nuestros nuevos hábitos acabaría con todo placer y, al final, sería contraproducente. Como todo acto social, se adapta a su contexto y, ante todo, debe ser sinónimo de placer. Cuando tus amigos te inviten a cenar a su casa, la convivialidad es más importante que la cantidad de azúcar o de grasa que ingieras. Compensar nuestras necesidades nutricionales es cuestión de bienestar tanto a nivel corporal como mental.

UN INHIBIDOR DEL APETITO NATURAL

Si te invaden las ganas de picar algo, bebe un vaso de agua con una cucharadita de vinagre de sidra (no pasteurizada) o echa una cucharada sopera de semillas de chía (salvia originaria de México) en una gran taza de té o de zumo de frutas y déjalo reposar 15 minutos. Se formará una pasta espesa que no solo calmará tu hambre mientras esperas a que llegue la hora de la comida, sino que también te aportará una gran cantidad de minerales, vitaminas y omega 3.

COMER BIEN, UNA FUENTE DE BIENESTAR

«La felicidad es una cuestión de digestión», reza un precepto ayurvédico. De hecho, ya hemos visto anteriormente que contamos con un cerebro en las tripas que también regula nuestro humor. E incluso si nuestras emociones también pueden tener un impacto sobre nuestra digestión, un buen equilibrio alimentario es una fuente segura de bienestar.

¡OBSÉRVATE!

Después de haber comido, ¿qué sientes al cabo de una hora? ¿Es bienestar, energía, cansancio, molestia? Estas dos últimas señales deberían alertarte sobre la incompatibilidad de tu alimentación con tus necesidades. ¡Escucha bien a tu cuerpo!

Una sensación de felicidad, de ligereza y de flexibilidad, una energía agradable y positiva, eso es lo que te propone esta fantástica aventura que te lleva a nuevos hábitos saludables. Sé paciente y escucha los mensajes que te envía tu cuerpo.

Permítete un margen de error. Con el tiempo, estas señales serán cada vez más claras y precisas. Aprenderás a reconocerlas, a respectarlas y a responder a ellas con alegría.

Sin embargo, no intentes seguir al pie de la letra las recomendaciones de uno u otro menú propuesto, ya que nuestro cuerpo es mejor guía que nuestra mente. Te indicará cuándo has alcanzado tu nivel de saciedad y qué alimento necesitas en ese momento del día y del año. La naturaleza no se equivoca, así que vamos a escucharla y a respetarla. Sin duda alguna, la clave está en la armonía.

¡Ahora te toca a ti!

PREGUNTAS FRECUENTES

MUCHAS VECES NO TENGO TIEMPO PARA COCINAR. ¿QUÉ PUEDO HACER PARA LLEVAR UNA ALIMENTACIÓN SANA?

No tienes por qué pasarte dos horas diarias en la cocina para llevar una alimentación equilibrada. Existen un gran número de recetas simples y rápidas: todo reside en el arte de organizar lo mejor posible la cocina y las compras. Llena tu despensa de frutos secos, verduras deshidratadas (como los tomates), diversos cereales, deliciosas semillas (de girasol, de cáñamo, de calabaza) y de frutos de cáscara (anacardos, nueces pecanas, frutos secos de la zona, etc.).

Estos productos no caducan y darán un toque sublime a tus platos, a tus ensaladas o a tus «vacíos estomacales» al tiempo que te aportan una gran cantidad de buenos nutrientes. Piensa también en tener ingredientes rápidos que puedas preparar cuando tienes prisa, como verduras congeladas que, a pesar de todo, tienen un buen número de vitaminas.

¿ES BUENO PRIVILEGIAR LOS PRODUCTOS BAJOS EN CALORÍAS O «LIGHT»?

Ya hemos visto que el contenido de azúcares o de grasa condiciona nuestros comportamientos de consumo. Para paliar la pérdida de atracción que siente un consumidor por un producto con menos grasa, por ejemplo, los empresarios industriales no dudan en compensarlo con más azúcar.

Por otra parte, los edulcorantes de origen no natural tendrían un efecto contrario en nuestro cerebro. Este último habría recibido una información azucarada sin el aporte calórico correspondiente y tendría tendencia a reclamar más para compensar esta «estafa», lo que despierta sin falta nuestras ganas de picar.

CUANDO ESTOY ESTRESADO O TRISTE, NO COMO BIEN. ¿CÓMO DOMINO ESTOS IMPULSOS ALIMENTARIOS?

¿Por qué comemos más cuando estamos deprimidos? En la vida hay momentos duros, como una pérdida, una ruptura, la angustia o simplemente el desánimo. Entonces, sentimos un inmenso vacío en nuestro interior que compensamos con comida. ¿Estamos lo suficientemente «alimentados» de amor, de alegría y de experiencias enriquecedoras?

No te culpes a ti mismo ni a los demás por tus debilidades. Tómate un tiempo antes de comer esos alimentos y préstale mucha atención a lo que sientes. No juzgues ni reprimas esos sentimientos: simplemente, ponte en el papel de un observador atento. El mero hecho de reconocerlos les permitirá existir y, una vez sean escuchados, te guiarán hacia una solución más sana. Este también es el principio del círculo virtuoso: cuanto más sano comas, mejor te enfrentarás a situaciones complicadas de la vida.

¿COMER SANO ES MUCHO MÁS CARO QUE NO HACERLO?

Es evidente que, si compras la opción ecológica de productos transformados, pagarás mucho más. Sin embargo, si se cambian los hábitos y se eligen productos no transformados, se disminuye el consumo de carne a favor de las proteínas vegetales y se compra a granel, el presupuesto dedicado a la comida será mucho menor. Por otra parte, optar por la comida sana y ecológica es una inversión a largo plazo para el bienestar físico y mental, y los beneficios a nivel nutricional son múltiples.

COMO DE MANERA EQUILIBRADA PERO NO ADELGAZO. ¿QUÉ TENGO QUE HACER?

En primer lugar, comprueba si es cierto que comes variado. Lo importante en este punto no es hablar sobre la cantidad, sino sobre la calidad y la variedad de tu alimentación. En la mayoría de los regímenes encontramos trigo y productos lácteos en prácticamente cualquier comida. No tienes que excluir por completo estos alimentos, pero opta por la variedad y no te tomes un yogur todos los días.

Varía también las fuentes de grasas disminuyendo las de origen animal (carne, charcutería, queso, yogures) y aumentando las de origen vegetal (yogur de soja, filete de seitán, guacamole de aguacate, nata a base de avena o de arroz, etc.). Finalmente, recuerda que de nada sirve reequilibrar tu alimentación si te olvidas de beber mucha agua y de hacer deporte.

¿TENGO QUE ACABAR CON TODOS MIS MALOS HÁBITOS ALIMENTARIOS?

El que nos alejemos del régimen no siempre se debe a una falta de voluntad o a que no podamos evitar caer en la tentación. Estos desvíos desempeñan en nuestro organismo el mismo papel que un contacto de bacterias dañinas con nuestro sistema inmunitario. Si comemos de forma «demasiado sana», nuestro cuerpo dejará de ser inmune a los ataques procedentes del exterior. De hecho, si te sientes mal y tienes acidez después de haber comido un plato demasiado pesado o grasiento, esto demuestra que tu cuerpo reacciona e intenta eliminar ese veneno. Para ello pone en marcha una serie de mecanismos de adaptación y de defensa útiles para prepararse para cualquier situación, enfermedades incluidas. Todo es cuestión equilibrio, también en esos malos hábitos, siempre que no invadan nuestro día a día.

¿PARA LLEVAR UN RÉGIMEN SALUDABLE HAY QUE SER VEGETARIANO?

Tú decides qué régimen te conviene en función de tu filosofía personal, de tus gustos y de tus necesidades específicas. Un régimen saludable no preconiza, sin embargo, la eliminación de las proteínas de origen animal. Lo importante es ante todo la cantidad y la calidad de la carne, el pescado, los huevos, etc. que comes. Aunque te guste la carne y el pescado, no te olvides de intercalarla con platos vegetarianos a base de alternativas vegetales.

TENGO EL SÍNDROME DEL INTESTINO IRRITABLE. ¿TENGO QUE EVITAR COMER FRUTAS Y VERDURAS?

En el caso del colon irritable (trastorno digestivo que se traduce en malestar o dolores de barriga) recomendamos eliminar las fibras insolubles (procedentes de algunas verduras como las coles y las hortalizas crudas, de algunas frutas como las manzanas y las peras y de los cereales integrales) y privilegiar las fibras solubles (como el salvado de avena, de cebada, etc.) que, al contrario de lo que ocurre con las primeras, forman una especie de pasta más suave para los intestinos.

Las enfermedades que afectan a los intestinos son las únicas que requieren la eliminación de ciertas verduras o frutas, al menos en un principio. A continuación, es conveniente reintroducir progresivamente los alimentos uno por uno y recuperar un buen equilibrio de la flora intestinal. Habla con tu médico: los síntomas y el dolor vinculados a esta patología mejorarán considerablemente con la adopción de nuevos hábitos alimentarios.

¡Tu opinión nos interesa!
¡Deja un comentario en la página web de tu librería en línea,
y comparte tus favoritos en las redes sociales!

PARA IR MÁS ALLÁ

FUENTES BIBLIOGRÁFICAS

- Carrey, Pierre. 2016. "Le müesli, un bol de pesticides pour votre petit-déj'". *Libération*. 11 de octubre. Consultado el 20 de septiembre de 2017. http://next.liberation.fr/food/2016/10/11/le-muesli-un-bol-de-pesticides-pour-votre-petit-dej_1521169?utm_campaign=Echobox&utm_medium=Social&utm_source=Facebook#link_time=1476198524

- Clear, James. 2013 "Ce qui se passe dans notre cerveau quand on consomme de la malbouffe (et pourquoi on aime ça)". *Huffingtonpost*. 20 de octubre. Consultado el 20 de septiembre de 2017. http://www.huffingtonpost.fr/james-clear/ce-qui-se-passe-dans-notre-cerveau-quand-on-consomme-de-la-malbo/

- Collins, Stephen M., Zain Kassam y Premysl Berick. 2013. "The adoptive transfer phenotype via the intestinal microbiota: experimental evidence and clinical implications". *Current Opinion in Microbiology*, vol. 16, n.º 3, 240-245.

- Fondation contre le cancer. Consultado el 20 de septiembre de 2017. http://www.cancer.be/

- Lallemand, Caroline. 2017. "Huit aliments bourrés

de sucres cachés". *Le Vif*. 11 de mayo. Consultado el 20 de septiembre de 2017. http://www.levif.be/actualite/sante/huit-aliments-bourres-de-sucres-caches/diaporama-normal-659771.html

- Lenoir, Magalie, Fuschia Serre, Lauriane Cantin y Serge H. Ahmed. 2007. "Intense Sweetness Surpassess Cocaine Reward". *PLoS one*, vol. 2, n.º 8.

- Larousse, "Nutriment". Consultado el 20 de septiembre de 2017. http://www.larousse.fr/encyclopedie/medical/nutriment/14856

- Sánchez-Villegas, Almudena, Lisa Verberne, Jokin de Irala, Miguel Ruiz-Canela, Estefanía Toledo, Lluis Serra-Majem y Miguel Ángel Martínez-González. 2011. "Dietary Fat Intake and the Risk of Depression: The SUN Project". *PLoS one*, vol. 6, n.º 1.

- Siri-Tarino, Patty W., Qi Sun, Frank B. Hu y Ronald M. Kraus. 2010. "Meta-analysis of prospective cohort studies evaluating the association of saturated fat with cardiovascular disease". *The American Journal of clinical nutrition*, vol. 91.

- Aol. 2016. "Teenagers drink a bathtub of sugary drinks a year". *Aol.* 22 de noviembre. Consultado el 20 de septiembre de 2017. http://www.aol.co.uk/news/2016/11/21/teenagers-drink-a-bath-full-of-sugary-drinks-a-year-cancer-rese/

FUENTES COMPLEMENTARIAS

- de Vilanova, Carlos. 2015. *La dieta de los batidos verdes crudos. Un manantial de salud y bienestar a tu alcance.* Málaga: Editorial Sirio S. A.

- Enders, Giulia. 2015. *La digesión es la cuestión.* Barcelona: Urano.

- Haussin, René. 2004. *Encyclopédie de l'alimentation saine.* París: Guy Trédaniel, colección *Articles sans C.*

- Joyeux, Henri. 2013. *Changez d'alimentation.* Mónaco: Éditions du Rocher.

- Lallement, Michel. 2012. *Les clés de l'alimentation santé. Intolérances alimentaires et inflammation chronique.* Donnemarie-Dontilly: Mosaïque Santé, colección *Vérités.*

- Robin, Marie-Monique. 2011. *Notre poison quotidien: la responsabilité de l'industrie chimique dans l'épidémie des maladies chroniques.* Estrasburgo: Arte Éditions.

- Teitelbaum, Jacob. 2016. *Décrochez du sucre.* París: Marabout.

- van Remoortere-Grandcourt, Liliane. 2006. *Mange des couleurs.* Bruselas: Bernard Gilson.

DOCUMENTALES

- *Le ventre, notre deuxième cerveau.* Dirigido por Cécile Denjean. Francia: ARTE France, Inserm, Scientifilms, 2013.

- *Product.* "La crevette". Episodio 1. Dirigido por Arte. La Barone & Media 365, 27 de noviembre de 2015.

¡APRENDER NUNCA ANTES FUE TAN RÁPIDO!

www.50minutos.es

www.50Minutos.es

ISBN ebook: 9782808003902

ISBN papel: 9782808003919

Depósito legal: D/2017/12603/725

Libro realizado por <u>Primento</u>, *el socio digital de los editores*